TOMMY HILFIGER

LISA NIESCHLAG ✦ LARS WENTRUP

# Münsters WEIHNACHTS-KÜCHE

*Food-Fotografie*
Lisa Nieschlag

Hölker Verlag

Münsters
WEIHNACHTS-
KÜCHE

INHALT

## Süß & köstlich

## Herzhaft & deftig

„Jedes Jahr aufs Neue sind wir von der einmaligen Weihnachtsstimmung in unserer Heimatstadt fasziniert."

# Eine besondere Zeit

Alle Jahre wieder verwandelt sich Münster in eine festlich dekorierte Weihnachtsstadt: Zum Advent werden die Bäume entlang der Promenade mit Lichterketten geschmückt, die ersten Weihnachtsmarkthäuschen werden angeliefert und Tannenbäume aufgestellt. In den Fenstern der Giebelhäuser entdeckt man liebevoll drapierte Tannenzweige, die Arkaden sind von hunderten prächtigen Adventskränzen festlich erleuchtet, und der riesige Weihnachtsbaum vor der Lambertikirche verzaubert Groß und Klein.

Diese einmalige Atmosphäre lockt Besucher von nah und fern in Münsters Altstadt – und es gibt wirklich viel zu sehen: Am Kiepenkerl lädt das gemütliche Weihnachtsdorf zum Bummeln ein, über den Platz des Westfälischen Friedens spannt sich ein Lichterhimmel und an der Lambertikirche werden in kleinen blauen Spitzdachhäuschen allerlei süße und herzhafte Leckereien sowie Kunsthandwerk angeboten. Ein ganz besonderes Highlight ist der Prinzipalmarkt, denn in der Abenddämmerung verwandelt er sich mit seinen erleuchteten Arkaden in eine einmalige Weihnachtskulisse. Wir spüren: das schönste Fest des Jahres ist nicht mehr weit.

Mit modern interpretierten Köstlichkeiten aus der westfälischen Winterküche und stimmungsvollen Fotos vom weihnachtlichen Münster ist dieses Buch ein echter Schatz für alle, die ihr Herz an diese Stadt verloren haben. Wärmen Sie sich mit einer deftigen Kartoffelsuppe, lernen Sie Münsterländer Pillekauken kennen oder stimmen Sie sich mit Pumpernickel-Schoko-Sternen auf die Weihnachtszeit in Münster ein.

Wir wünschen frohe westfälische Weihnachten!

*Lisa Nieschlag + Lars Wentrup*

# Gefüllte Pumpernickel-Schoko-Sterne

*Pumpernickel – westfälischer geht es kaum. Wer das tiefschwarze Brot sonst nur in Form von herzhaften Schnittchen kennt, kann sich hier über eine süße Variante freuen.*

*Für ca. 15 Stück*

60 g Pumpernickel
125 g zimmerwarme Butter
125 g Zucker
1 Ei (Gr. L)
225 g Mehl plus etwas zum Verarbeiten
50 g Zartbitterschokolade, fein gehackt
1 Eigelb
125 g Johannisbeerkonfitüre

*Außerdem*

Sternausstecher (∅ 7 cm und ∅ 1,5 cm)

Den Pumpernickel fein zerbröseln. Butter und Zucker mit dem Handrührgerät cremig rühren. Das Ei zugeben und kurz unterrühren. Mehl zufügen und die Zutaten mit den Knethaken des Handrührgeräts zu einem glatten Teig vermengen. Zum Schluss Pumpernickelbrösel und gehackte Schokolade rasch unter den Teig kneten. Den Teig in Frischhaltefolie wickeln und mind. 30 Min. kalt stellen.

Den Backofen auf 200 °C vorheizen. Den Teig auf der bemehlten Arbeitsfläche ca. 4 mm dick ausrollen und ca. 30 Sterne ausstechen. Bei der Hälfte der Sterne mittig einen kleinen Stern ausstechen und den Teig mit dem verquirlten Eigelb bestreichen.

Alle Sterne auf ein mit Backpapier ausgelegtes Backblech setzen und 10–15 Min. im Ofen goldgelb backen. Herausnehmen und auskühlen lassen. Jeweils einen vollen Stern mit Johannisbeerkonfitüre bestreichen und einen Stern mit Loch darauf setzen.

# Apfeltaschen

*Die hübschen halbmondförmigen Apfeltaschen sind schnell gemacht und erfüllen das ganze Haus mit ihrem herrlichen Duft. Wer es noch etwas weihnachtlicher mag, kann den Zimt durch Lebkuchengewürz ersetzen.*

Für die Füllung die Äpfel schälen, vom Kerngehäuse befreien und in gleichmäßig kleine Stücke schneiden. Butter in einer Pfanne erhitzen und die Apfelstücke zugeben. Zucker darüberstreuen und karamellisieren lassen. Zimt unterrühren und die Apfelmasse auskühlen lassen.

Für den Teig Mehl, Butter, Zucker, Vanillezucker und Salz mit den Knethaken des Handrührgeräts grob vermengen, bis ein streuselartiger Teig entstanden ist. Das Ei kurz unterrühren. Die Masse mit kalten Händen verkneten, bis ein gerade so zusammenhängender Teig entstanden ist. In Frischhaltefolie wickeln und ca. 30 Min. kalt stellen.

Den Backofen auf 175 °C vorheizen. Den Teig auf der bemehlten Arbeitsfläche ca. 5 mm dick ausrollen und Kreise mit 12 cm Durchmesser ausstechen. Alternativ einen Teller in der entsprechenden Größe auf den Teig legen und die Kreise mit dem Messer ausschneiden.

Die Teigkreise auf ein mit Backpapier ausgelegtes Backblech legen und je 1 TL Apfelmasse daraufgeben. Die Ränder mit etwas Wasser bepinseln und die Kreise zu Halbmonden falten. Die Ränder festdrücken. Das Ei mit 1 EL Wasser verquirlen und die Apfeltaschen damit dünn bestreichen. Zum Schluss mit Hagelzucker bestreuen und 12–15 Min. goldbraun backen. Herausnehmen und auf einem Gitter auskühlen lassen.

*Für 6 Stück*

*Für die Füllung*

3 kleine Äpfel
1 EL Butter
3 EL Zucker
¼ TL Zimt

*Für den Teig*

300 g Mehl (Type 405) plus etwas zum Verarbeiten
200 g kalte Butter
100 g Zucker
1 Pck. Vanillezucker
1 Prise Salz
1 Ei (Gr. M)

*Außerdem*

1 Ei
2–3 EL Hagelzucker
Kreisausstecher (∅ 12 cm)

# Prinzipalmarkt-Spekulatius

*Wir backen den Prinzipalmarkt in Miniatur für die Vorweihnachtszeit. Mit Puderzucker bestreut, bringen die würzigen Mürbeteighäuschen winterliches Münsterfeeling auf die Adventstafel!*

### Für 40–50 Stück

300 g Mehl (Type 405) plus etwas zum Verarbeiten
½ TL Backpulver
1 Ei (Gr. M)
200 g Zucker
1 TL Zimt
½ TL gemahlene Nelken
½ TL gemahlener Kardamom
150 g weiche Butter

### Außerdem

Haus-Ausstecher (ca. 7 cm hoch)

Das Mehl mit dem Backpulver mischen und in eine Rührschüssel geben. In der Mitte eine Mulde formen und das Ei hineingeben. Zucker und Gewürze zugeben. Die weiche Butter in kleinen Stücken zufügen und die Zutaten mit den Händen zu einem glatten Mürbeteig verkneten. Den Teig in Frischhaltefolie wickeln und 1 Std. kalt stellen.

Den Backofen auf 180 °C vorheizen. Den Teig auf der bemehlten Arbeitsfläche portionsweise ca. 4 mm dick ausrollen. Mit einem Ausstecher die Häuser ausstechen und auf ein mit Backpapier ausgelegtes Blech legen. Mit der Rückseite eines Essstäbchens Fenster in die Häuser drücken. Die Häuser 10–12 Min. backen, bis sie goldbraun und knusprig sind. Herausnehmen und auskühlen lassen und in einer Metalldose luftdicht verschlossen aufbewahren.

### Tipps

Um die Häuser wie auf dem Foto aufzustellen, schneiden Sie kleine rechtwinklige Dreiecke aus dem Teig und kleben Sie diese nach dem Backen und Auskühlen mit dickflüssiger Puderzuckerglasur auf der Rückseite der Häuser an.

Wenn Sie keinen Ausstecher in Form der wunderschönen Prinzipalmarkthäuschen zur Hand haben, können Sie auch eine andere Ausstechform verwenden.

Pinkus

# Eiserkuchen

*Traditionell wird das knusprige Hippengebäck in Westfalen im speziellen Waffeleisen gebacken und zu Neujahr serviert. Doch warum bis Silvester warten? Die Eiserkuchen schmecken an den vier Adventssonntagen genauso köstlich.*

Kandiszucker und 250 ml Wasser in einem Topf aufkochen, bis sich der Zucker aufgelöst hat. Vom Herd nehmen und abkühlen lassen.

Butter, Vanillezucker, Zimt und Salz mit dem Handrührgerät schaumig schlagen. Eier nach und nach unterrühren. Das Zuckerwasser kurz unterrühren. Zum Schluss das Mehl zugeben und die Masse zu einem glatten Teig verrühren. Den Teig abgedeckt mind. 1 Std. kalt stellen.

Das Hörncheneisen fetten und den Teig nach und nach darin zu flachen goldbraunen Hippen ausbacken. Anschließend noch heiß zu Röllchen formen. Die Eiserkuchen nach dem Auskühlen sofort in einer Blechdose luftdicht verschlossen lagern, damit sie knusprig bleiben.

*Tipp*

Die Eiserkuchen mit aufgeschlagener Zimtsahne servieren.

*Für ca. 40 Stück*

250 g brauner Kandiszucker
125 g Butter
1 Pck. Vanillezucker
1 TL Zimt
2 Prisen Salz
2 Eier (Gr. M)
250 g Mehl (Type 405)

*Außerdem*

Speiseöl zum Ausbacken
Hörncheneisen

# Stutenkerle

*Stutenkerle gibt es in Westfalen häufig am Martinstag. Nach einer anderen Überlieferung soll das Hefegebäck jedoch den Heiligen Nikolaus darstellen, dessen Gedenktag der 6. Dezember ist. Wir sind überzeugt: Was Kinder im November erfreut, schmeckt auch im Dezember.*

*Für 6 Stück*

250 ml Milch
550 g Mehl (Type 405)
85 g Zucker
1 Pck. Vanillezucker
1 Würfel frische Hefe
75 g Butter
1 Ei (Gr. M)
1 Prise Salz
ca. 30 Rosinen
6 Mandelstifte
50 ml Kondensmilch

Die Milch lauwarm erhitzen. 2 EL Mehl mit 10 EL Milch, Zucker, Vanillezucker und Hefe zu einem Vorteig vermischen. Abgedeckt 30 Min. an einem warmen Ort ruhen lassen, bis der Teig Blasen wirft.

Die Butter in der restlichen lauwarmen Milch schmelzen, das Ei unterrühren. Die Eiermilch mit dem Vorteig vermischen. Das restliche Mehl und Salz zufügen und die Masse mit den Knethaken des Handrührgeräts zu einem elastischen Teig verkneten. Abgedeckt an einem warmen Ort 30 Min. gehen lassen, bis sich das Teigvolumen verdoppelt hat.

Den Teig nochmals durchkneten und in 6 Portionen teilen. Die Stutenkerle daraus formen und auf ein mit Backpapier ausgelegtes Backblech legen. Rosinen als Augen und Knöpfe und Mandelstifte als Münder in den Teig drücken. Die Stutenkerle gleichmäßig mit Kondensmilch bepinseln und 30 Min. an einem warmen Ort gehen lassen.

Den Backofen auf 200 °C vorheizen. Die Stutenkerle 10 Min. backen und auf einem Gitter auskühlen lassen.

# Arme Ritter mit Apfelkompott

*Die in einer Mischung aus Ei, Milch und Zucker getränkten und ausgebackenen Brotscheiben sind ein echter Klassiker aus Kindertagen. Wer es raffinierter mag, kann das Brot vor dem Ausbacken mit Formen ausstechen.*

Für das Kompott die Äpfel schälen, vom Kerngehäuse befreien, grob zerkleinern und in einem großen Topf mit Zucker und Zimt bei mittlerer Hitze weich kochen, bis keine harten Stückchen mehr vorhanden sind, dabei ab und zu umrühren. Etwas abkühlen lassen.

Für die Armen Ritter in einer großen flachen Schüssel Eier, Milch und Vanillezucker verquirlen. Die Graubrotscheiben hineinlegen, sodass sie komplett bedeckt sind.

In einer Pfanne etwas Butter erhitzen. Die Graubrotscheiben aus der Eimischung nehmen, etwas abtropfen lassen und nacheinander in der Pfanne beidseitig goldgelb braten. Auf einem Teller anrichten, mit Zimt und Zucker bestreuen und mit dem lauwarmen Apfelkompott servieren.

*Für 4 Portionen*

*Für das Apfelkompott*

1 kg gemischte Äpfel (z. B. Boskop, Elstar)
Zucker nach Belieben
1 TL Zimt

*Für die Armen Ritter*

2 Eier (Gr. L)
400 ml Milch
2 Pck. Vanillezucker
8 Scheiben altbackenes Graubrot

*Außerdem*

4 EL Butter
Zimt und Zucker zum Bestreuen

*Schokolade gehört zu Weihnachten wie Kerzenschein, Tannengrün und stimmungsvolle Musik. Mit Zimt und Mandeln wird daraus der perfekte Feiertagskuchen.*

### *Für 1 Gugelhupf-Form*

100 g Zartbitterschokolade
200 g zimmerwarme Butter plus etwas für die Form
175 g Zucker
4 Eier (Gr. M),
2 EL Rum
1 ½ TL Zimt
125 g gemahlene Mandeln
½ Pck. Backpulver
100 g zarte Haferflocken plus 2 EL für die Form
1 Prise Salz
Puderzucker zum Bestäuben

### *Außerdem*

Gugelhupf-Form (⌀ 24 cm)
Puderzucker

Den Backofen auf 175 °C vorheizen. Die Schokolade fein hacken. Butter und Zucker mit dem Handrührgerät schaumig rühren. Die Eier trennen. Die Eigelbe nach und nach unterrühren. Rum und Zimt zugeben.
Die Mandeln mit dem Backpulver mischen und mit der Schokolade und den Haferflocken unterheben. In einer anderen Schüssel die Eiweiße mit Salz steif schlagen und zum Schluss unter den Teig heben.

Die Gugelhupf-Form fetten und mit 2 EL Haferflocken ausstreuen.
Den Teig einfüllen und 50–60 Min. backen. Falls der Kuchen beim Backen zu dunkel wird, mit Alufolie abdecken. Den Schokoladenkuchen aus dem Ofen nehmen und etwas abkühlen lassen. Anschließend aus der Form stürzen und mit Puderzucker bestreuen.

# Stippmilchauflauf mit Backpflaumenkompott

*Schon die Generation unserer Großeltern verrührte Quark, Milch und Zucker zu einer säuerlich-frischen Süßspeise, die noch heute in Westfalen weit verbreitet ist. Eine Variante ist unser Stippmilchauflauf. Warm serviert mit karamellisiertem Backpflaumenkompott, versüßt er uns die Vorweihnachtszeit.*

*Für 4 Portionen*

*Für das Kompott*
200 g Backpflaumen, entsteint
400 ml trockener Weißwein
20 g Speisestärke
100 g Zucker

*Für den Stippmilchauflauf*
4 Eier (Gr. M)
50 g Zucker
Saft und Abrieb von 1 Bio-Zitrone
100 g Quark (40 % Fett)

*Außerdem*
4 ofenfeste Formen (⌀ 10 cm)
Butter für die Formen
1 EL Puderzucker

Für das Kompott am Vortag die Backpflaumen in Weißwein einweichen und über Nacht ziehen lassen, eventuell noch etwas Wein nachgießen.

Am nächsten Tag die Pflaumen abtropfen lassen und die Flüssigkeit auffangen. Die Stärke in einer kleinen Schüssel mit einigen Esslöffeln der Flüssigkeit glatt rühren. Zucker in einer Pfanne karamellisieren lassen. Mit der aufgefangenen Flüssigkeit der Pflaumen ablöschen. Die Pfanne vom Herd nehmen, die Stärke einrühren und den Sud anschließend noch einmal kurz aufkochen lassen. Vom Herd nehmen und die Pflaumen hineingeben.

Den Backofen auf 180 °C vorheizen. Für den Auflauf die Eier trennen. Die Eiweiße mit der Hälfte des Zuckers zu einem geschmeidigen Eischnee aufschlagen. Die Eigelbe mit dem restlichen Zucker schaumig schlagen. Zitronensaft und -abrieb mit dem Quark vermischen und die Eigelbmasse unterrühren. Den Eischnee vorsichtig unterheben, damit er nicht zusammenfällt.

Die Formen fetten, zu drei Vierteln mit der Auflaufmasse füllen und 15–20 Min. backen. Die Formen aus dem Ofen nehmen und Puderzucker darübersieben. Warm mit dem Kompott servieren.

# Kirschsuppe mit Grießklößchen und karamellisiertem Pumpernickel

*An kalten Wintertagen erwärmt dieses herrliche Trio aus süßen Kirschen, leckerem Grieß und Pumpernickel-Crunch die Seele – eine echte Leibspeise.*

*Für 3–4 Portionen*

*Für den karamellisierten Pumpernickel*

2 Scheiben Pumpernickel
2 EL Butter
2 EL Zucker

*Für die Kirschsuppe*

1 Glas Kirschen (Abtropfgewicht ca. 350 g)
10 g Speisestärke
50 g Zucker
½ Pck. Vanillezucker

*Für die Grießklößchen*

250 ml Milch
90 g Grieß
1 EL Zucker
½ Pck. Vanillezucker
1 Eigelb (Gr. M)

Den Pumpernickel in kleine Stücke schneiden oder mit den Fingern zerbröseln. Die Butter in einer Pfanne erhitzen, den Zucker mit den Pumpernickelbröseln zufügen und karamellisieren lassen. Die Masse auf einem Bogen Backpapier verteilen und auskühlen lassen.

Für die Kirschsuppe die Kirschen mit dem Saft in einen Topf geben. Die Speisestärke mit 3–4 EL Kirschsaft glatt rühren und zufügen. Zucker und Vanillezucker zugeben und die Suppe kurz aufkochen. Die Herdplatte abstellen und die Suppe warm halten.

Für die Grießklößchen die Milch in einem kleinen Topf aufkochen und langsam unter Rühren Grieß, Zucker und Vanillezucker hineinrieseln lassen. Die Masse in eine Schüssel füllen und 10 Min. abkühlen lassen. Das Eigelb unterrühren.

Wasser in einem dritten Topf aufkochen. Aus der Grießmasse mithilfe von zwei Esslöffeln Klößchen formen und die Klößchen in das leicht siedende Wasser geben. Den Topf vom Herd nehmen und die Klößchen 3–4 Min. ziehen lassen.

Die Kirschsuppe in tiefe Teller füllen. Die Klößchen abtropfen lassen und in die Suppe legen. Zum Schluss mit den karamellisierten Pumpernickelbröseln bestreuen.

ksbank

# Westfälischer Apfelglühwein

*Den klassischen roten Glühwein kennt jeder Weihnachtsmarktbesucher. Unsere Variante für Weißweinliebhaber vertreibt genauso wohlig die Kälte.*

*Für 4 Portionen*

750 ml trockener Weißwein
100 ml klarer Apfelsaft
2–5 EL Vanillezucker (je nach Geschmack)
3 Zimtstangen
5 Kardamomkapseln
2 Stück Sternanis
100 ml Münsterländer Lagerkorn, optional

Alle Zutaten in einen großen Topf geben (den Lagerkorn nach Wunsch zufügen) und langsam erwärmen. Auf niedriger Stufe 10 Min. ziehen lassen. Den Glühwein in Tassen füllen und mit Zimtstangen garnieren.

# Das Weihnussfest

Gut, dass er im letzten Moment noch daran gedacht hatte! Paul hatte den Kindern versprochen, auf dem Rückweg noch einen Weihnachtsbaum zu kaufen. Denn bei ihnen wurde traditionell am Tag vor Weihnachten schon der Baum geschmückt. Am frühen Abend hatte er sein Büro zugesperrt, war aufs Fahrrad gestiegen und vom Prinzipalmarkt nach Norden gefahren. Kurz vor dem Buddenturm fand er einen Weihnachtsbaumhändler, der noch ein paar Exemplare mit Wurzelballen hatte, entschied sich rasch für eine buschige, aber nicht zu hohe Nordmanntanne, ließ sie in ein Netz einpacken und zeigte auf sein Fahrrad. „Da soll der Baum drauf? Sie haben ja was vor", staunte der Verkäufer, aber der war auch aus dem Ruhrgebiet. Paul, der wie viele Münsteraner so ziemlich alles mit seiner „Leeze" transportierte, was kleiner als ein Sofa war, hatte da gar keine Sorgen. Der Baum passte doch in den Lastenkorb, und sehen konnte er auch noch was. Es war schon dunkel, als er durch das Kreuzviertel nach Hause fuhr und sich freute, dass am nächsten Tag Samstag war. Paul pfiff fröhlich „Driving Home for Christmas" vor sich hin, daher bemerkte er nicht, dass im Inneren seines Baumes, nah am Stamm, eine aufgeregte Unterhaltung stattfand.

„Was ist denn nun los? Wieso wackelt unser Baum? Und wieso ist es so eng hier auf einmal?" „Keine Ahnung, bin grad erst aufgewacht!" „Ich weiß auch nicht, bisher war es doch ganz ruhig!" „Es zieht jetzt hier! Ihr wisst, ich hab's im Rücken!" „Ja, ja, das sagst du immer." „Aber Papa hat recht, es zieht wirklich!"

Im Inneren des neuen Weihnachtsbaums saß eine kleine Familie. Fünf Eichhörnchen rieben sich im Inneren ihres Kobels die Augen und wunderten sich, dass ihr Baum auf einmal Fahrt aufgenommen hatte. Sie waren in der Winterruhe gewesen, wie jedes Jahr, und hatten fest geschlafen. Keines von ihnen hatte erwartet, dass sie auf einmal an einem fremden Ort aufwachen würden, weil ihr Baum plötzlich ausgegraben und in Münster an Paul und seine Familie als Weihnachtsbaum verkauft worden war.

Smilla war das jüngste Eichhörnchenkind. Sie hatte zwei ältere Brüder, Jojo und Puschel. Smilla war neugierig, was hier wohl los war. Also hangelte sie sich an einem Ast entlang und zwängte sich durch dichte Tannennadeln, fand ein Loch im Netz, steckte den Kopf hindurch, spürte den Fahrtwind an der Nase – und ... In diesem Augenblick fuhr Paul über einen Bordstein. Smilla purzelte durch das Loch und fiel auf die Straße. Dort blieb sie erst mal benommen liegen.

Bald darauf hatte Paul sein Ziel erreicht. Er parkte sein Fahrrad vor der Haustür, packte den Baum und trug ihn in die Wohnung. Paul lebte mit seinen Kindern Florian und Luisa im Kreuzviertel, nicht weit von der Kreuzkirche entfernt. Als die

Kinder hörten, dass ihr Vater hereinkam, rannten sie ihm entgegen und hüpften aufgeregt um ihn und den Baum herum. Paul verabschiedete Anni, die langjährige Haushaltshilfe, die nachmittags Plätzchen gebacken und ihnen das Abendessen vorbereitet hatte. Weil die Kinder sehr gebettelt hatten, hatte sie sogar ein paar Stutenkerle gebacken, auch wenn sie fand, dass die eigentlich nicht zur traditionellen Adventsbäckerei gehörten. Aber den Kindern, deren Mutter nicht mehr lebte, konnte sie selten etwas abschlagen, also gab es Stutenkerle.

Die Eichhörnchen im Baum waren besorgt. Zwar hatte es aufgehört zu ziehen, aber allen war klar, dass irgendetwas ganz Seltsames geschehen war und sie nicht mehr in ihrem Wald waren. Vor lauter Aufregung hatte keiner von ihnen Smillas Abwesenheit bemerkt. Nun aber sagte plötzlich Mutter Eichhorn: „Wo ist denn Smilla?“ Ratloses Schweigen. Da half nur eins: Sie mussten aus dem Baum heraus und nachschauen, wohin sie geraten waren. In der Wohnung war es inzwischen still geworden, denn Paul und die Kinder waren ins Bett gegangen.

Nach und nach zwängten sich alle Eichhörnchen aus ihrem Baumversteck. Sogar Vater Eichhorn, der es im Rücken hatte. Vorsichtig tappten sie durch das Dunkel und suchten nach Smilla, aber vergeblich – nirgends war sie zu finden. Nicht in der Speisekammer (wo man sie als Erstes vermutet hatte, denn sie war etwas verfressen), nicht im Badezimmer, auch nicht im Wohnzimmer. Smilla blieb verschwunden. Traurig kletterten alle in ihren Baum zurück und konnten kaum einschlafen. Am nächsten Tag wachte Luisa ganz früh auf. Morgen war Weihnachten! Heute würden sie den Baum schmücken! Sie tapste noch schläfrig ins Badezimmer. Beim Zähneputzen fiel ihr auf, dass im Waschbecken ein paar rötliche kurze Tierhaare lagen. Sie sah sich um, und plötzlich bemerkte sie auch anderswo solche Haare! Sie folgte der Spur, und bald stand sie vorm Weihnachtsbaum.

Luisa ging ganz nah an den Baum heran, und plötzlich sah sie einen kleinen Kopf zwischen den Zweigen auftauchen. „Wer bist …“ „… denn du?“ „Ich hab zuerst gefragt!“ „Ich bin Luisa. Ich wohne hier. Was machst du in dem Baum?“ „Ich bin Puschel. Ich wohne hier.“ „Im Baum?“ „Na klar.“ „Alleine?“ „Nein. Natürlich nicht. Wir wohnen alle hier. Nur Smilla ist weg.“ „Wer ist denn Smilla?“ „Meine kleine Schwester. Wir waren alle ganz normal in unserer Winterruhe, und auf einmal sind wir aufgewacht, denn gestern fing alles an zu ruckeln und zu wackeln. Nun steht unser Baum hier und Smilla ist weg. Meine Mutter macht sich große Sorgen.“ „Bestimmt ist sie irgendwo in der Wohnung?“ „Nein, wir haben die halbe Nacht gesucht, hier ist sie nicht. Kannst du uns helfen, sie zu finden?“

Luisa überlegte. Dann ging sie ganz leise los und weckte ihren Bruder. Der war zwei Jahre älter als sie und wusste vielleicht, was zu tun war. Ihr Vater schlief tief und fest, das machte er immer so am Wochenende.

Florian dachte erst, seine Schwester sei verrückt geworden, als sie an seinem Bett stand und etwas von einem Eichhörnchen namens Smilla faselte, dem sie helfen müssten. Aber kurz danach stand auch er vor dem Baum und staunte, als eine ganze Eichhörnchenfamilie ihm aus den Zweigen entgegenblickte. „Wir müssen Smilla auf dem Transport verloren haben", jammerte Mutter Eichhorn. „Wie hat denn Papa den Baum transportiert?", fragte Luisa. „Na, auf dem Fahrrad", meinte Florian, „wie immer." „Dann müssen wir los und sie suchen!"

Die Kinder zogen sich rasch an. Schnell die Fahrradschlüssel und den Haustürschlüssel geschnappt, und los ging's. Auf den Fahrrädern verteilten sich die Eichhörnchen auf Luisas und Florians Körbe. Erst kam es ihnen reichlich seltsam vor, so gefahren zu werden, aber bald fanden sie sogar Gefallen daran, den Fahrtwind im Gesicht zu spüren – selbst Vater Eichhorn mit seiner Angst vor Zugluft.

„Wo sollen wir denn eigentlich suchen?", fragte Florian. Ratlose Eichhörnchenblicke. „Wir kennen uns doch hier nicht aus – wie heißt die Stadt noch mal?" „Münster. Ihr seid in Münster."

Der Bordstein, der Smilla aus dem Baum katapultiert hatte, war gleich an der Promenade. Zuerst war sie gestern nach dem Sturz etwas liegen geblieben, hatte auch nicht gesehen, in welche Richtung sich das Fahrrad entfernt hatte. Irgendwann hatte sie sich berappelt und war auf der Suche nach ihrer Familie losgelaufen. Hier war alles so anders als im Wald. Das roch nach einem spannenden Abenteuer!

Die Promenade gefiel ihr gut, bis auf die vielen Fahrräder, die auch abends hin und her sausten. Aber hier gab es nichts zu essen, und nach der Winterruhe – auch wenn sie mittendrin unterbrochen wird – hat man großen Hunger. Da entdeckte sie unter den Bäumen ein Nusslager, aber kaum hatte sie angefangen zu buddeln, kamen wie aus dem Nichts zwei sehr große Eichhörnchen auf sie zu. „Hüpf weiter, Kleine, das ist unser Revier hier!"

Erschrocken lief Smilla los und in die Stadt hinein, am Buddenturm vorbei, und irgendwann sah sie nicht nur bunte Lichter, sondern nahm auch wunderbare Düfte wahr. Gebrannte Mandeln! Smilla entdeckte zum ersten Mal in ihrem Leben einen Weihnachtsmarkt. Es war schon spät und die Verkäufer packten bereits zusammen. Ein paar glühweinselige Gestalten machten sich schwankend auf den Heimweg. Unter einem Stand war ein Reibekuchen liegen geblieben, den fand Smilla ganz köstlich, und ein paar Meter weiter fand sie noch einen halben Zimtstern, den ein Kind hatte fallen lassen. Schließlich entdeckte sie unter einem Stand eine Handvoll Mandeln. Ein Festmahl!

So viel Fast Food macht natürlich durstig. Smilla sah sich um, und ihr Blick fiel auf einen Brunnen. Sie lief hin und trank ein bisschen Brunnenwasser. Oben auf dem Brunnen stand eine kleine Statue: ein Mann mit Wanderstock, Pfeife und Mütze, in altmodischer Kleidung. Vor allem hatte die Figur einen großen Korb auf dem Rücken. Der Mann sah freundlich aus. Smilla war müde und dachte: „Das ist ein guter Schlafplatz." Sie krabbelte hinauf, legte sich oben in den Korb und schaute auf die schaukelnden Glühbirnen des Weihnachtsmarktes, die langsam erloschen. Zwar vermisste sie ihre Familie, aber hier konnte ihr ja nicht viel passieren. Es duftete immer noch nach Zimt, Reibekuchen und Mandeln. Am nächsten Tag würde sie weiter nach ihren Verwandten suchen.

Ganz früh am Morgen waren also Luisa, Florian und die Eichhörnchenfamilie aufgebrochen, um Smilla zu suchen. Niemand war unterwegs, nur aus einer Kaffeerösterei duftete es schon verlockend. Sie fuhren zuerst im Kreuzviertel die Straßen ab, dann kamen sie zur Promenade. „So viele Bäume!", sagte Jojo. „Vielleicht ist sie hier?" Luisa und Florian lenkten ihre Räder über die breite Mittelspur, und die Eichhörnchen spähten überall in die Baumkronen. Nichts. Bald weitete sich die Promenade zum Schlossplatz. Den kannten Florian und Luisa vom Flohmarkt, aber heute war der Platz leer, und nur das Schloss schaute ihnen stumm entgegen.

Plötzlich Aufregung bei den Eichhörnchen: Von der Seite näherte sich eine ältere Eichhörnchendame; ihre Ohrenspitzen waren schon grau. „Ein Gruß von Baum zu Baum!" (So grüßen sich nämlich die Eichhörnchen.) „Wo sind wir hier?" „Ihr seid wohl nicht von hier?" „Leider nein." „Das ist die Universität von Münster." „Und was machst du hier?" „Ein Studium für Senioren. Ich lerne Flugbahnen berechnen." Die Waldeichhörnchen verstanden nicht, wozu das gut sein sollte. Aber es war ihnen auch egal. „Hast du vielleicht unsere Tochter Smilla gesehen? Sie ist uns gestern aus dem Baum gefallen. Bestimmt hat sie Hunger!" „Dann ist sie sicherlich auf einem der Weihnachtsmärkte. Dort fällt immer was zum Essen ab, wenn man flink ist."

Da traten die Kinder in die Pedale und waren im Handumdrehen in der Altstadt: an St. Aegidii vorbei, quer über den Domplatz, auf den Prinzipalmarkt. Am Weihnachtsmarkt an St. Lamberti war keine Spur von Smilla. Schließlich näherten sie sich dem Weihnachtsmarkt am Kiepenkerl. Noch war alles still, nur eine Waffelbäckerin rührte Teig an und buk ihr eigenes Frühstück. Es duftete herrlich! Luisa und Florian hatten schon immer eine Schwäche für Waffeln gehabt, und die Waffelbäckerin kannte sie gut. Wie selbstverständlich steuerten beide Kinder auf den Waffelstand zu. Da war aus Luisas

Fahrradkorb eine aufgeregte Stimme zu vernehmen: „Smilla! Da oben! Schaut mal! Da liegt sie doch und schnarcht!"

Das war ein Wiedersehen! Smilla wurde geweckt, vom Kiepenkerl heruntergeholt und musste erzählen, was sie alles erlebt hatte. Mittendrin fiel den Kindern ein, dass sie ja schnell nach Hause mussten – bald würde ihr Vater aufwachen. Rasch wurde die ganze Eichhörnchenfamilie wieder in die Fahrradkörbe geladen, die nette Waffelbäckerin steuerte noch etwas Proviant bei, und mit vollen Backen und Puderzuckerschnuten ging es in Windeseile heim. Paul schlief tatsächlich noch, als die Kinder mit ihren neuen Freunden durch die Tür schlüpften.

Da saßen sie nun im Wohnzimmer. „Warum habt ihr eigentlich unseren Baum im Haus?", fragte Jojo Florian. „Weil doch morgen Weihnachten ist." „Was ist das denn?" „Das ist das Geburtstagsfest vom Jesuskind", sagte Luisa, die in der Schule besser aufgepasst hatte als ihr Bruder und außerdem in die Domsingschule ging. „Da gibt es Geschenke und Plätzchen und alle singen. Und der Baum wird geschmückt mit bunten Kugeln und Strohsternen." Die Eichhörnchen schauten erschrocken, denn sie fürchteten um ihre Bleibe. „Keine Sorge, das machen sowieso Florian und ich, wir sind ganz vorsichtig. Ihr könnt doch heimlich im Baum mit uns mitfeiern!"

Und so kam es, dass an diesem Tag besonders viele Nüsse und auch nicht wenige Weihnachtsplätzchen aus der Küche verschwanden. Auch zwei Stutenkerle wanderten ins Wohnzimmer. Paul wunderte sich zwar über den großen Appetit seiner Kinder und auch über die Begeisterung und Sorgfalt, mit der sie den Baum schmückten. Aber solange niemand über Bauchschmerzen klagte – schließlich war ja Weihnachten. Und als am Heiligabend die Tanten und Onkel, Oma und Opa zu Besuch kamen und alle schon etwas dem Glühwein zugesprochen hatten, fiel es glücklicherweise niemandem auf, dass aus der Richtung des Weihnachtsbaumes manchmal ein leises Rascheln und das Knacken von Nüssen zu hören war. Da saßen die Eichhörnchen, hörten zum ersten Mal Weihnachtslieder und freuten sich, dass sie wieder alle zusammen waren.

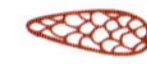

Im folgenden Winter bemerkte Paul, dass im Garten, wo der Weihnachtsbaum eingepflanzt worden war, eine besonders zutrauliche Eichhörnchenfamilie ihr Zuhause gefunden hatte. Die putzigen Tiere kamen oft bis auf den Balkon. Es war fast, als würden sie auf etwas warten. Er dachte, das liege bloß daran, dass seine Kinder dort besonders häufig Nüsse hinlegten. Aber wenn er nachmittags im Büro war, kamen die Eichhörnchen manchmal zu Luisa und Florian auf den Balkon und berichteten ihnen von ihrem neuen Münsteraner Leben. Sie freuten sich schon sehr auf ihr zweites „Weihnussfest", wie sie es nannten. Die Kinder erzählten dem Vater aber nichts von Smilla und ihren tierischen Freunden: Das blieb ihr Weihnachtsgeheimnis.

*Alexa Nieschlag*

Capella
27,80

# Westfälische Tapas

*Wer an Heiligabend für eine westfälische Überraschung sorgen möchte, reicht als Vorspeise diese kleinen Appetithäppchen aus der regionalen Küche.*

*Für 4 Portionen*

★

### *Tapas mit Forellen-Tatar*

280 g geräucherte Forellenfilets
150 g Gewürzgurken
80 g Zwiebel
1 Bund Dill
60 g saure Sahne
Zitronensaft nach Belieben
Salz

Für das Tatar die Forellenfilets und die Gewürzgurken klein würfeln. Die Zwiebel schälen und fein hacken. Den Dill abbrausen, trocken tupfen und fein hacken. Forelle, Gurke und Zwiebel mit saurer Sahne, etwas Zitronensaft und Salz vermengen. Zum Schluss die Hälfte des Dills unterheben. Das Tatar auf Pumpernickelscheiben streichen und mit dem restlichen Dill bestreuen.

★

### *Tapas mit westfälischem Schinken*

2 Eier (Gr. M)
Senf
8 Scheiben westfälischer Schinken
1 Schale Kresse
Salz

Die Eier in köchelndem Wasser ca. 6 Min. kochen, bis das Eigelb wachsweich ist: für hart gekochte Eier beträgt die Kochzeit 8–10 Min. Die Eier kalt abschrecken. Brotscheiben dünn mit Senf bestreichen und mit Schinken belegen. Die Eier pellen und vierteln. Jeweils ein Viertel auf eine Brotscheibe legen und mit Kresse bestreuen. Nach Belieben salzen.

★

### *Vegetarische Tapas mit Rote Bete und Ziegenkäse*

1 Handvoll Feldsalat
1 EL Olivenöl
1 EL Apfelessig
Salz
1 Ziegenkäserolle
4 Rote Beten, vorgekocht

Den Feldsalat waschen, putzen und abtropfen lassen. In einer Schüssel mit Öl, Essig und Salz vermengen und auf Pumpernickelscheiben verteilen. Die Ziegenkäserolle in 1 cm dicke Scheiben schneiden und auf den Feldsalat legen. Rote Bete in 5 mm dicke Scheiben und anschließend in dünne Stifte schneiden und zum Schluss auf den Käse legen. Nach Belieben salzen.

★

### *Außerdem*

1 Pumpernickelbrot

# Bier-Zwiebel-Brot

*Eine würzige und deftige Beilage zu westfälischen Eintöpfen ist unser Bier-Zwiebel-Brot. Es schmeckt aber auch lauwarm mit etwas gesalzener Butter einfach köstlich.*

Die beiden Mehle mischen und in eine Schüssel geben. In der Mitte eine Mulde formen und die Hefe hineinbröseln. Das lauwarme Wasser zugeben und die Hefe darin vorsichtig auflösen. Abgedeckt an einem warmen Ort 10–15 Min. ruhen lassen.

Die Zwiebel schälen und fein würfeln. Öl in einer Pfanne erhitzen, die Zwiebel darin anrösten, bis die Würfel gebräunt sind. Die Zwiebelwürfel in eine Schüssel geben und etwas abkühlen lassen. Zusammen mit Bier und Salz zur Hefemischung geben und die Zutaten gut verkneten. Den Teig abgedeckt an einem warmen Ort weitere 45 Min. gehen lassen.

Den Teig auf der bemehlten Arbeitsfläche durchkneten. Einen runden Laib formen und auf ein mit Backpapier ausgelegtes Backblech geben. Mit Mehl bestäuben und noch mal 15 Min. gehen lassen. Den Backofen auf 220 °C vorheizen.

Eine kleine ofenfeste Form mit Wasser füllen und auf den Boden des Backofens stellen. Das Brot 15 Min. backen, anschließend die Temperatur auf 185 °C reduzieren und den Laib weitere 10 Min. backen. Das Brot aus dem Ofen nehmen, abkühlen lassen und mit gesalzener Butter servieren.

*Für 1 runden Laib*

300 g Roggen-Vollkornmehl
200 g Weizenmehl (Type 550) plus etwas zum Verarbeiten
½ Würfel Hefe
50 ml lauwarmes Wasser
1 Zwiebel
1 EL Öl
300 ml zimmerwarmes dunkles Bier
1 TL Salz

# Stielmus-Eintopf

*Stielmus, auch Rübstiel genannt, gehört zu den eher unbekannten Gemüsesorten. Mit der Mairübe verwandt, wird es traditionell in Westfalen und im Rheinland angebaut. In Westfalen serviert man es vor allem als Beilage oder als Eintopf.*

*Für 4 Portionen*

800 g Rindfleisch (Hohe Rippe oder Rinderbrust)
1 große Zwiebel
5 Nelken
2 Lorbeerblätter
750 g Kartoffeln
1 kg frisches Stielmus
30 g Butter
30 g Weizenmehl
250 ml Milch
Salz
frisch gemahlener schwarzer Pfeffer

Das Rindfleisch abspülen und trocken tupfen. Die Zwiebel schälen und mit Nelken spicken. Gesalzenes Wasser in einem großen Topf zum Köcheln bringen. Das Rindfleisch in das Wasser legen, sodass es komplett bedeckt ist. Gespickte Zwiebel und Lorbeerblätter zugeben und das Fleisch bei mittlerer Hitze garen, bis es zart ist; dies kann bis zu 3 Stdn. dauern.

In der Zwischenzeit die Kartoffeln schälen und in gleichmäßig kleine Stücke schneiden. Das Stielmus gut waschen, vom Strunk befreien und klein schneiden. Sobald das Fleisch anfängt, zart zu werden, die Kartoffeln ins Kochwasser geben und ca. 10 Min. mitkochen, bis sie gar sind. Das Stielmus in den Eintopf geben und 3–4 Min. mitkochen. Das Fleisch, sobald es gar ist, herausnehmen und beiseitelegen.

In einem kleinen Topf die Butter erhitzen. Mehl einrühren und kurz mitrösten. Unter Rühren mit Milch ablöschen. 3–4 EL Eintopfbrühe zugeben und gut umrühren. Die Mehlschwitze in den Eintopf geben und gut unterrühren. Den Eintopf mit Salz und Pfeffer würzen. Das Fleisch in mundgerechte Stücke schneiden und kurz vor dem Servieren in den Eintopf geben.

# Wirsing-Kürbis-Eintopf

*Besonders an kalten Wintertagen ist der deftige Eintopf mit Vitamin-C-haltigem Wirsinggemüse die richtige Wahl: Er gelingt garantiert und ist außerdem gesund.*

*Für 3–4 Portionen*

400 g Kürbisfleisch (Hokkaido)
1 kleiner Wirsing (ca. 800 g)
1 Zwiebel
2 EL Rapsöl
100 g durchwachsener Speck, gewürfelt
850 ml Gemüsebrühe
Salz
frisch gemahlener schwarzer Pfeffer
frisch geriebene Muskatnuss
2 Zweige Thymian

Das Kürbisfleisch in kleine Würfel schneiden. Den Wirsing putzen, die Blätter vom Strunk entfernen, waschen und klein schneiden. Die Zwiebel schälen und fein würfeln.

Das Öl in einem Topf erhitzen. Die Zwiebel und Speckwürfel darin anbraten. Wirsing und Kürbis zugeben und unter gelegentlichem Rühren anschwitzen. Mit Gemüsebrühe ablöschen und den Eintopf 20–25 Min. kochen lassen. Mit Salz, Pfeffer und Muskatnuss würzen. Nach Belieben mit Thymianblättchen garnieren.

# Kartoffelsuppe mit Mettendchen

*Der westfälische Klassiker schlechthin: deftig, bodenständig und herzhaft. Nach einem Winterspaziergang über die Felder wärmt diese Suppe Leib und Seele.*

*Für 4 Portionen*

350 g Kartoffeln
2 kleine Möhren
50 g Knollensellerie
1 Knoblauchzehe
2 mittelgroße Zwiebeln
1 Stange Lauch
Rapsöl
1 l Gemüsefond
2–3 geräucherte Mettwürste (ca. 300 g)
50 g Schinkenwürfel
200 g saure Sahne
Salz
frisch gemahlener schwarzer Pfeffer
frisch geriebene Muskatnuss
1 Bund Majoran

Kartoffeln, Möhren und Knollensellerie schälen und in grobe Würfel schneiden. Knoblauchzehe und Zwiebeln schälen und grob hacken. Den Lauch waschen, putzen und in Scheiben schneiden.

Öl in einem großen Topf erhitzen. Das Gemüse darin von allen Seiten dunkelbraun rösten. Mit Fond ablöschen und das Gemüse ca. 30 Min. köcheln lassen, bis es weich ist. Die Suppe mit dem Stabmixer fein pürieren.

Die Mettwürste in kleine Scheiben schneiden und mit den Schinkenwürfeln kurz in der Suppe durchgaren lassen. Die saure Sahne unterrühren und die Suppe mit Salz, Pfeffer und Muskatnuss würzen. Den Majoran abbrausen, trocken tupfen, die Blättchen abzupfen und über die Suppe streuen.

# Spitzkohlauflauf mit Hackbällchen

*Der Clou an diesem Rezept sind die Bratwürste, die zu Hackbällchen geformt und im Auflauf gegart werden. Das fein gewürzte Wurstbrät sorgt zusammen mit dem Spitzkohl für eine besonders schmackhafte Note.*

Die Kartoffeln schälen, in mundgerechte Würfel schneiden und in gesalzenem Wasser gar kochen. Die gekochten Kartoffeln abtropfen lassen und in eine große Auflaufform geben. In der Zwischenzeit den Kohl waschen, von den äußeren Blättern und dem Strunk befreien und in Streifen schneiden. Öl in einer großen Pfanne erhitzen und den Spitzkohl darin glasig dünsten. Mit Salz würzen und zu den Kartoffeln geben.

In einem Topf die Butter bei mittlerer Hitze zerlassen. Das Mehl einrühren und kurz mitrösten. Mit Milch und Sahne ablöschen. Die Béchamelsoße aufkochen, mit Salz, Pfeffer und Muskat würzen und das Lorbeerblatt zugeben. Sobald die Béchameloße eingedickt ist, das Lorbeerblatt herausnehmen und die Soße in die Auflaufform gießen. Alles gut vermischen und etwas flach drücken.

Den Backofen auf 180 °C vorheizen. Die Bratwürste vom Darm befreien und aus dem Brät von jeweils einer Wurst zwei Bällchen formen. Die Brätbällchen auf dem Auflauf verteilen. Den Gouda reiben und darüberstreuen. Den Auflauf 25–30 Min. backen, bis der Käse goldgelb ist.

*Für 4 Portionen*

400 g Kartoffeln
1 kleiner Spitzkohl (ca. 700 g)
Salz
30 g Butter
30 g Mehl
200 ml Milch
250 ml Sahne
frisch gemahlener schwarzer Pfeffer
frisch geriebene Muskatnuss
1 Lorbeerblatt
4 frische grobe Bratwürste
50 g alter Gouda

# Münsterländer Pillekauken

*Zusammen mit Potthucke gehören Pillekauken zur westfälischen Küche wie Prinzipalmarkt und Fahrrad zu Münster. Serviert mit Pilzen oder noch deftiger mit Speck, machen sich die Kartoffelpfannkuchen besonders gut auf einer großen Familientafel.*

*Für 4 Portionen*

1 kg Kartoffeln (festkochend)
2 Zwiebeln
1 Bund Schnittlauch
2 EL Butter
4 Eier
300 ml Milch
100 g Weizenmehl
Salz
frisch gemahlener schwarzer Pfeffer
frisch geriebene Muskatnuss
400 g gemischte Pilze
2 EL Öl

*Außerdem*

2 ofenfeste Pfannen

Die Kartoffeln schälen und fein reiben. Die Zwiebeln schälen und klein hacken. Den Schnittlauch abbrausen, trocken tupfen und in feine Röllchen schneiden. Den Backofen auf 180 °C Umluft vorheizen.

Butter in zwei ofenfesten Pfannen erhitzen. Kartoffeln und Zwiebeln gleichmäßig auf die Pfannen verteilen und bräunlich anschwitzen. Eier mit Milch und Mehl verquirlen. Den Schnittlauch zugeben. Mit Salz, Pfeffer und Muskat würzen. Die Eimischung gleichmäßig auf die beiden Pfannen verteilen und abgedeckt bei niedriger Hitze anstocken lassen. Nach ca. 5 Min. die Pillekauken wenden. Die Pfannen nacheinander in den Ofen geben und die Pillekauken ca. 15 Min. backen.

In der Zwischenzeit die Pilze putzen und grob hacken. In einer weiteren Pfanne Öl erhitzen und die Pilze darin bei hoher Temperatur scharf anbraten. Mit Salz und Pfeffer würzen. Die Pillekauken auf Teller verteilen und mit den Pilzen servieren. Dazu passt ein grüner Salat.

*Tipp*

Wer mag, serviert die Pillekauken mit geröstetem Speck.

# Winterlicher Westfalen-Schinken im Brotteig

*Diese Mahlzeit bringt jeden Gast zum Staunen. Denn im Inneren des Brotlaibs verbirgt sich ein saftiger Schinkenbraten, mariniert in weihnachtlicher Gewürzmischung. Ein echtes Festmahl!*

Am Vortag den Backofen auf 120 °C vorheizen. Das Fleisch in einen großen Topf legen und mit einer Tasse Wasser begießen. Den Deckel auflegen und den Braten 1 Std. im Ofen backen. Aus dem Ofen nehmen und über Nacht im Sud auskühlen lassen.

Am nächsten Tag das Fleisch abspülen und trocken tupfen. Lauwarmes Wasser mit der Hefe, dem Sauerteig und dem Zuckerrübensirup in einer großen Schüssel vermengen, bis sich die Hefe aufgelöst hat. Salz und Roggenmehl zufügen und die Masse mit den Händen zu einem Teig vermengen. Den Teig auf der bemehlten Arbeitsfläche kneten, bis er nicht mehr klebt und sich trocken anfühlt. Mit einem Küchentuch abgedeckt an einem warmen Ort ca. 1 Std. 30 Min. gehen lassen, bis sich das Teigvolumen fast verdoppelt hat.

Die Zutaten für die Marinade vermischen. Den Teig auf der stark bemehlten Arbeitsfläche ca. 1,5 cm dick und so groß ausrollen, dass er den Schinken umhüllen kann. Den Schinken mit der Marinade bepinseln und in die Mitte des Teigs legen. Die Teigränder leicht mit Wasser befeuchten. Den Teig um den Schinken legen, sodass der Schinken vollständig umhüllt ist. Den Teig an den Rändern etwas andrücken. Den Schinken mit dem Schluss nach unten auf ein mit Backpapier ausgelegtes Backblech setzen und 30 Min. ruhen lassen. Den Backofen auf 250 °C Umluft vorheizen.

Den Schinken 15 Min. backen. Die Temperatur auf 180 °C reduzieren und den Schinken ca. 30 Min. weiterbacken, bis der Teig goldbraun ist. Dazu passen Senf und Krautsalat.

### Für 4–5 Portionen

1,5 kg gepökelter Schinkenbraten (Hüfte)
350 ml lauwarmes Wasser
18 g frische Hefe
75 g Sauerteig (Fertigprodukt aus dem Backregal)
1 EL Zuckerrübensirup
2 TL Salz
550 g Roggenmehl (Type 1150)

### Für die Marinade

2 Msp. Piment
2 Msp. Bio-Orangenabrieb
4 Msp. gemahlene Nelken
6 g Zucker
30 g neutrales Speiseöl

### Außerdem

Weizenmehl zum Verarbeiten

# Pfefferpotthast

*Pfefferpotthast ist ein typisch westfälisches Gericht. Dabei steht „Hast“ für das Rindfleisch, „Pott“ für den Topf, in dem es gegart wird, und „Pfeffer“ für den würzigen Geschmack. Zum Pfefferpotthast passen Bier-Zwiebel-Brot (s. S. 47) oder Salzkartoffeln.*

Für 4 Portionen

500 g Zwiebeln
600 g mageres Rindfleisch (z. B. Zungenstück)
20 g Butter
Salz
frisch gemahlener schwarzer Pfeffer
800 ml Rinderfond
3 Nelken
2 Lorbeerblätter
5 Pfefferkörner
3 Gewürzgurken
2 EL Paniermehl
½ TL Zucker
1–2 EL Zitronensaft
½ Bund Petersilie

Die Zwiebeln schälen und fein würfeln. Das Fleisch abspülen, trocken tupfen und in Würfel schneiden. Butter in einem großen Topf erhitzen, die Zwiebeln und Fleischwürfel darin von allen Seiten anbraten. Mit Salz und Pfeffer würzen. Mit Rinderfond ablöschen und Nelken, Lorbeerblätter sowie Pfefferkörner zufügen. Etwa 1 Std. 30 Min. bei mittlerer Hitze garen.

Die Gurken in Streifen schneiden, fein würfeln und zugeben. Die Flüssigkeit mit Paniermehl binden. Mit Salz, Pfeffer, Zucker und Zitronensaft abschmecken. Die Petersilie abbrausen, trocken tupfen und fein hacken. Das Pfefferpotthast auf tiefe Teller verteilen und mit der Petersilie garnieren.

# Kartoffel-Potthucke mit dicken Bohnen

*Die westfälische Küche gilt als herzhaft und deftig. So auch die Potthucke. Kartoffeln werden dabei zusammen mit Eiern und Speck in einer Form gebacken – sie „hocken im Pott". Daher stammt auch der Name dieses Leib- und Seelenwärmers.*

### Für 4 Portionen

### Für die Potthucke

450 g Kartoffeln (mehligkochend)
4–5 Stängel Petersilie
100 ml Sahne
2 Eier
100 g fein gewürfelter Speck
Salz
frisch gemahlener schwarzer Pfeffer
frisch geriebene Muskatnuss

### Für das Bohnengemüse

800 g dicke Bohnen (TK)
2 kleine Zwiebeln
1 Stängel Bohnenkraut
Rapsöl
300 ml Sahne

### Außerdem

3 EL Butter
Kastenform

Für die Potthucke die Kartoffeln schälen und 150 g Kartoffeln in gesalzenem Wasser je nach Größe 30–45 Min. gar kochen. Die gekochten Kartoffeln kurz ausdampfen lassen und durch eine Presse drücken. Die restlichen, rohen Kartoffeln fein reiben und ausdrücken. Die Petersilie abbrausen und trocken tupfen, die Blättchen abzupfen und hacken. Die Sahne mit den Eiern verquirlen.

Den Backofen auf 150 °C vorheizen. Die Kartoffeln mit den restlichen Zutaten vermischen und mit Salz, Pfeffer und Muskat würzen. Eine Kastenform gründlich mit 1 EL Butter fetten und die Kartoffelmasse einstreichen. Die Potthucke 45–60 Min. backen.

In der Zwischenzeit für das Bohnengemüse die Bohnen in kochendem Wasser 8 Min. blanchieren. In kaltem Wasser abschrecken und abtropfen lassen. Anschließend die Bohnen aus der dünnen weißen Haut lösen. Die Zwiebeln schälen und fein hacken. Das Bohnenkraut abbrausen, trocken tupfen, die Blättchen abzupfen und fein hacken. Etwas Öl in einem Topf erhitzen und die Zwiebeln darin bei mittlerer Hitze anschwitzen. Sahne angießen, die Bohnen zufügen und die Flüssigkeit köcheln lassen, bis eine cremige Soße entstanden ist. Mit Salz und Pfeffer würzen. Zum Schluss das Bohnenkraut zugeben.

Die Potthucke aus der Form nehmen, etwas abkühlen lassen und in Scheiben schneiden. 2 EL Butter in einer Pfanne erhitzen und die Potthucke-Scheiben darin anbraten. Mit dem Bohnengemüse servieren.

## DANKE

**… für die großartige Unterstützung und das kulinarische Feingespür:**
Verena Poppen
Alexa Nieschlag
Laura Schröder
Elke Rademacher

**… an das beste Team:**
Hölker Verlag

# TEAM

## Lisa Nieschlag

... ist Designerin, Kochbuch-Autorin und Food-Fotografin.

Mit ihren fotografischen Inszenierungen macht sie zahlreichen Lesern Appetit auf mehr. Erst recht, wenn sie dann als Stylistin alles noch so geschmackvoll in Szene setzt. Die Küche ist Lisas kreativer und kulinarischer Kosmos.

Lisa betreibt den beliebten Food-Blog „Liz & Friends".

**www.lizandfriends.de**

## Lars Wentrup

... ist ein Allrounder: Designer, Illustrator, Feinschmecker und Testesser. Und er liebt Bücher.

Angespornt durch das kreative Foodstyling und die eindrucksvollen Bildwelten schafft Lars die perfekte Plattform und bringt den – in jeder Hinsicht – guten Geschmack zu Papier.

Seit 2001 führt Lars gemeinsam mit Lisa eine Agentur für Kommunikationsdesign in Münster.

**www.nieschlag-wentrup.de**

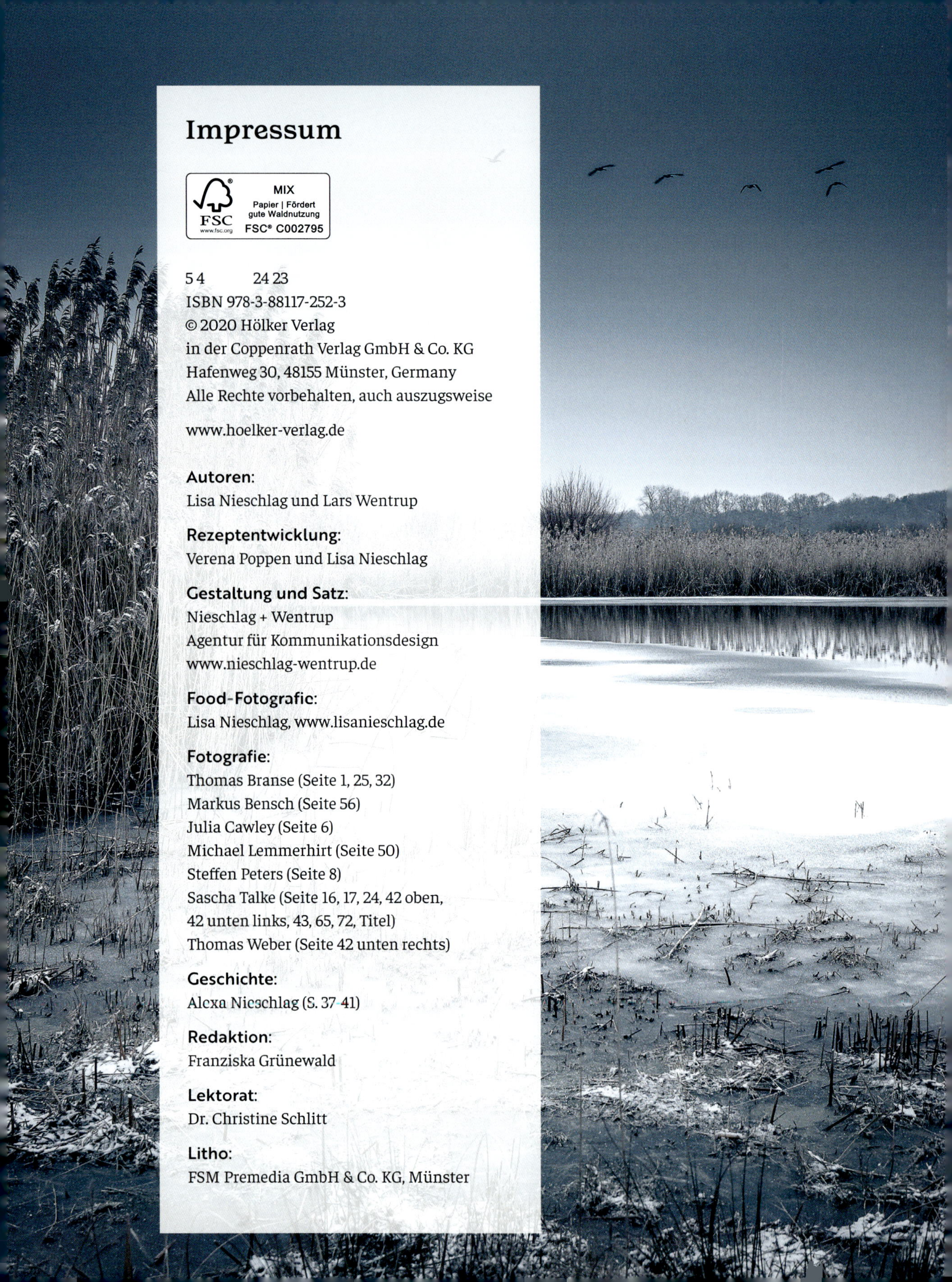

# Impressum

5 4 24 23
ISBN 978-3-88117-252-3

in der Coppenrath Verlag GmbH & Co. KG
Hafenweg 30, 48155 Münster, Germany


www.hoelker-verlag.de

**Autoren:**
Lisa Nieschlag und Lars Wentrup

**Rezeptentwicklung:**
Verena Poppen und Lisa Nieschlag

**Gestaltung und Satz:**
Nieschlag + Wentrup
Agentur für Kommunikationsdesign
www.nieschlag-wentrup.de

**Food-Fotografic:**
Lisa Nieschlag, www.lisanieschlag.de

**Fotografie:**
Thomas Branse (Seite 1, 25, 32)
Markus Bensch (Seite 56)
Julia Cawley (Seite 6)
Michael Lemmerhirt (Seite 50)
Steffen Peters (Seite 8)
Sascha Talke (Seite 16, 17, 24, 42 oben, 42 unten links, 43, 65, 72, Titel)
Thomas Weber (Seite 42 unten rechts)

**Geschichte:**
Alexa Nieschlag (S. 37-41)

**Redaktion:**
Franziska Grünewald

**Lektorat:**
Dr. Christine Schlitt

**Litho:**
FSM Premedia GmbH & Co. KG, Münster